Les poésies d'autrefois pour les bleus lendemains sont composées des recueils suivants :

L'infiniment mot

L'amour est un équarisseur

Les poèmes de l'enfant mort

L'or et la merde

Ils furent composés simultanément en une époque où les avenirs étaient emplis de promesses, et ce malgré la noirceur qui souvent envahissait leur auteur. Ce quatuor est à considérer comme une œuvre de jeunesse.

Cherche un poème...

... Frôle une vérité.

L'INFINIMENT MOT

Poésie

Noir le mot

Blanche la page

Jaune sera le temps

Et tout autour le silence.

Innocence

Retrouver

Comme un parfum ancien

Les lèvres de la mère

Boursoufflées de sommeil

Et d'infinie patience.

Retrouver

Les chemins de détours

Qui lançaient notre envol

Aux sorties des écoles

Comme aux premières amours.

Retrouver

Le goût de la mémoire

L'hommage au doux passé

Qui donne encore à voir

Ce qui s'enfuit des cheminées.

Retrouver

Les rives d'une insouciance

Où les corps alanguis

S'étonnaient des non-dits

Que vivait l'innocence.

Retrouver

Les mots plantés avec le nez

La pure divagation

Le geste automatique

De soi vers l'autre

Le je

Le te

Et tous les M

Qui étaient vérité.

L'inconsolable vagabond

L'œil :

Je vois la fourmi terrasser des dragons,

Le grain de sable parmi ses frères

Se noyer puis revenir.

Je vois l'éternel retour du saumon

Dans les rivières argentées,

Les chutes de pierres

Dans les eaux bouillonnantes,

Le fleuve majestueux s'alanguir par instant

Pour offrir aux passants

La promesse d'un dieu.

Je vois la montagne s'élancer aux nuages,

Grimper parmi les ciels,

Les éparpiller vers cet infini

De mes pupilles trop dilatées,

Car toujours à perte de vue je vois.

L'oreille :

J'entends le crabe bousculer la pierre ronde,

Le ruisseau affolé

En quête du savoir de l'épave.

J'entends l'arbre vieux s'effondrer

Puis l'écho de la poussière

A son corps épuisé.

J'entends les océans en fuite,

L'avance sereine des glaciers,

Les semonces du tonnerre,

La furie des tempêtes.

J'entends ce que l'œil ne peut rêver ;

La terre fredonnant dans les ciels,

La plainte de l'astre pétrifié

Et le chant des comètes

Dont l'infini s'entête.

La main :

Je sens la coccinelle et le brin d'herbe,

La pierre chaude et le lézard,

Le corps rugueux de la forêt,

La longue chevelure des marées.

La fuite du sable ne m'est pas inconnue

Quand la rivière coule à mes doigts.

Je sens la peau de mon aimée,

Ses longs cheveux d'automne,

Ses seins recroquevillés,

Son ventre silencieux.

Je sens tout cet amour

Qu'aucun mot ne dira,

Sens chaque forme du miracle,

Et n'ai pour tout repos

Que le front de mon maitre.

L'homme :

Je suis le non-savoir,

Le poète et la bête,

L'indicible équation.

Inconsolable vagabond,

Je suis le prisonnier,

Errant d'un monde à l'autre

Sans faire le moindre pas.

Ma vérité est dans le mot

Et l'univers est mon cachot.

Les univers.

Que chaque homme

Soit sa propre lumière

Sa propre prison

Son propre cimetière

Son unique oraison.

Que chaque homme

Soit fier

De tous les univers

Que sa vie a offerts.

Evidence

J'ai le mot évident

De la somme des silences

Le mot comme la canne fidèle

En unique soutien

Le mot dé-ensommeillé

Où tout rêve est une fin

Le mot ultime et sûr

Dont l'œil ose les ciels

Le mot pour tuile solide

A mon toit l'univers

J'ai le mot évident

Des âmes solitaires

Et ne saurai me taire

Qu'aux grilles du cimetière.

Avoir

J'ai l'univers et la fourmi

L'écho des rires

L'oubli des larmes

Et l'infini des ciels bleu-gris.

J'ai un mot

Ai trois silences

L'on ne peut rien me prendre

Si ce n'est une vie.

L'étincelle

Hors du livre maitre culture

Hors du cours transmission savoir

Hors de l'héritage réminiscence du passé

Eternel

Est l'homme étincelle poésie.

Le roseau parlant

Je fus l'heureux de la parole

Du mot sinusoïde farandole

Bavard et tintamarre

Roseau dormant au bord d'une mare

Roseau courbant à tous les vents.

Je fus la phrase inépuisée

Défourailleur du verbe aisé

Dans tous les mots je me noyais

Roseau ployant et se mirant

Dans les eaux claires de l'alphabet.

Je fus le murmure sans fin

De l'onde au fleuve frémissant

Où je baignais soir et matin

Roseau parlant avec entêtement

De tous bruits alentours

Conciliabules

Et clapotis

Et gouttelettes

Rigoles de pluie

Et bla-bla-bla

Et bla-bla-bla.

En Vie

Soleil

Pied de nez à la nuit

Qui s'enfuit

Matin mutin

L'horizon s'étire

Maladroit

Le jour titube

Baille et se lève

Sa large gueule ouverte

Explose de lumière

La terre frissonne

L'arbre attend l'oiseau

Ventre virgule

Plumes de velours

Et chant joyeux.

Quant à moi,

Adossé au tronc rugueux,

Le regard sage et ému,

J'éprouve cette joie enfantine

De n'être rien et d'être tout,

En vie nulle part

En vie partout.

Silence de la pierre

Silence de la pierre

Calfeutré des poussières,

Des mondes merveilleux

Aspirés de l'oiseau,

De l'onde féerique

Qui me porte soudain

Et me noie

Et m'épouse

Dans le secret d'aimer.

Silence de la pierre

Cheminé de l'adieu

Désespérément sombre

Qu'impose chaque tombe

Que dicte chaque vieux

Quand les temps sont trop lourds

Quand les jours sont trop frêles

A songer aux amours,

Toutes à la fois flétries

Mais hélas encore belles.

Silence de la pierre

Où tout est murmuré

D'une voix emmurée

Comme dans les cimetières

Les noms y sont gravés

Mais sombrent dans l'oubli

Et les rares fleurs fanées

S'abandonnent à la pluie.

Rien

Pour rien je veux le dire

Pour les mots à venir

Les silences étirés

Pour l'écho des soupirs

A vos lèvres oubliées

Pour chacun de vos doigts

Autant de vos regards

Pour vos ténèbres belles

Et vos âmes effleurées

La somme de vos beautés

Et la grâce de vos gestes.

Mais pour rien je veux le dire

Pour le plaisir du verbe

L'insouciance du refrain

Le secret le désir

Les éclats de vos rires

En éclats de vos vies

Pour vos mots aux matins

Comme vagues et embruns

Ces riens que je veux dire

Et encore et toujours

Ces riens qui font frémir

Sont souvenirs d'amour.

Simple joie

Elle dont les yeux jade et or

Ne dictent aucune loi,

Dont les tresses sont accords

S'enroulant à mon doigt,

Dont la voix somnolence

Berce l'écho de ma voix,

Dont le moindre silence

Est frère de mon émoi

Et dont l'absence même

M'est une simple joie,

A tout saisi de moi,

Et me laisse dormir,

Tout autant que de vivre,

Dans les plis de son ombre,

Comme habillé de sombre.

Regards

Seul le ciel

Regarde tourner la terre

Folle

La planète

Et bleue

Aimante

L'amour est pris dans la tourmente

Et ment à la vie

Qui ne sait pas

Ne sait rien

Qui attend seulement tous les beaux lendemains

Et meurt aux couchants des ombres orangées.

Seule la vie

Regarde le bleu du ciel.

Poésie ?

Fin de rêve.

Elle s'éveille et s'étire.

Ses yeux alors me cherchent, me trouvent

Et me sourient.

Poésie, me dis-je ?

Poésie que cela ?

De l'arbre je fais ses doigts,

D'un lac son ventre plat.

Le silence de ses seins

Est seul frère à mes mains.

Poésie que cela ?

Poésie seulement ?

Elle est le monde vivant

Et tout l'inanimé,

Est le monde présent

Ainsi que le passé

Qu'elle convoque souvent

Et maintient cadenassé.

Poésie que cela ?

Poésie simplement ?

Elle est l'entêtement

Mais jamais l'obsession,

Donne le sens évident

A toutes les questions,

Tend l'oreille à mes mots

Jusque dans leur écho.

Elle seule sait le poème

Avant qu'il n'ait éclos.

Grand d

Ivre de la vie des mots

Comme un oiseau à son galop

S'écrase froufrou de plumes

Dans l'or épais d'un champ de blé.

Ivre

Il faut l'écrire le répéter

Avec un grand d

A coudre pour ne pas se piquer

Ne pas finir comme une princesse

Qui déjà s'ensommeille

Et baille, baille,

Car il faut qu'elle s'en aille.

L'astre

Regard

Pareil à l'astre azur

Qui s'éloigne et mesure

Mon pas

A l'inaccessible.

Pâleur

Quand la pâleur

Pareille aux lacs immobiles

Se fonde à son visage

Tout au blanc de ses yeux

Les nuées dénudées

De ses cris silencieux

Font et défont l'orage

A ses cheveux défaits

Eparpillés de songes

Sur la fraicheur de l'oreiller.

Je la contemple alors

Comme en pleine lumière,

Sage de la douce prière

Emanant de son corps,

Eternelle pureté,

Sans fin, vierge renouvelée.

Exactitude

De la pluie du soleil du vent et des étoiles

Des éclatements de feu par-delà la montagne

Des cascades d'eau pure dans les rires amis

Des paroles têtues sur le bout de la langue

Des yeux démesurés qui enlacent toute vie

Des mains nues et muettes de la beauté des femmes

Un cœur de jeune marié prêt à fondre en larmes

Une âme toute entière de lumières et ténèbres

Des victoires tristounettes

Des défaites sublimes

Un recueil de poèmes en guise d'oreiller

Et tous les mots du monde comme voûte étoilée

Je suis l'exactitude et puis me reposer.

Liberté

Tout m'est autorisé

Le verbe haut moquant les cimetières

Le geste fade enivré du vulgaire

La grossière illusion de l'amour partagé

L'étrange recueillement

Les rires et hurlements

Les fenêtres soudées à l'unique visage

Cette étrange prison pour dernier paysage.

Tout m'est autorisé

Contempler et crier

Elle dicte à la beauté

Elle emplit de lumière

Comme une lune ronde

Les muettes prières

Et l'étrange silence

Filles et fils de l'insoutenable absence.

Tout m'est autorisé

Vivre et survivre à toutes mes agonies

Chaque heure retisser le courage

Pour la prochaine nuit

Chaque jour réécrire la page

Y apaiser l'envie l'ennui et la folie

Chaque instant retrouver le secret

Et m'y vautrer en paix.

Tout m'est autorisé

De la tristesse à la gaieté

Evoquer l'infini de ses mots

Dire vrai Chuchoter haut

Reformuler l'effroi de sa menace

Autant que l'émoi de sa grâce

Puis lancer une dernière fois

Son suprême anathème :

Mon avenir sera sans elle,

Sans elle peut-être,

Mais avec toutes les libertés.

Evidence

Une montagne sous un ciel

Montagne sacrée

Ciel limpidité

Evidence

Tel le mot lancé par l'œil

Le chêne au sol

Cadenassé

Le fleuve aux berges

Prisonnier

Evidence de l'œil

Evidence de l'écrit

Les mots en cascade dans le silence

Tracent les pas alanguis de l'errance.

Tabac

Brune à mon doigt

Enlace et évapore

En épouse fidèle

Fumée de tous mes ciels

Grisaille savoureuse

Fine pluie à l'ennui

Pendant que dans la chambre

L'autre brune assoupie

Rêve et chante en silence

La quiétude de mes lèvres à ses seins.

Vérité

Poèmes aux sens timides

A peine entrouverts

Masqués frêles innocents

Et si proches pourtant

De ma seule vérité :

La poésie est cette voix d'enfant

Qui épèle le monde

Et récite le cœur.

A mes amis et frères

Poètes émerveillés,

Chez qui toute larme demeure

Eclat de scintillement,

Je pose et ma main et mon rire

A vos âmes éternelles

Où vivre me fut offert.

Le voyageur

Aimer, toujours, se pare

Du plus doux des visages,

Semblable à son foyer

Au retour d'un voyage.

L'on y retrouve une paix

Qui semblait oubliée,

Une âme redéployée

Qui cesse de divaguer,

Et ces gestes anodins,

Du sourire au soupir,

Evoquant le parfum

Des printemps à venir.

Moi, voyageur immobile,

Ne quitte son visage

Que pour mieux revenir,

Comme on arpente une île

Sans quitter ses rivages.

Accointance

Des mots passent

Le temps

Des mots tombent

La pluie

Des mots coulent

Les larmes

Des mots s'éloignent

L'absence

Des mots naissent

La joie

Des mots hésitent

Le doute

Des mots insistent

L'obstination

Des mots meurent

Le silence

L'éternité

Le non-sens.

Ciels multipliés

Dans le verger d'aimer

Tous les pommiers en fleurs

Ont des mots de pureté

Qui perdurent après l'heure.

Ils murmurent en tout chant

Ses longs cheveux dorés

Qui flottent à ses fous vents

Et font les champs de blé.

Ils chuchotent ses yeux

Aux calmes reflets d'or

Dont l'éclat merveilleux

Offre tous les trésors.

Les mots osent sa peau

De la plus douce neige

Osent le froid Osent le chaud

Osent son corps tout entier

Qu'une mer souveraine

Aux algues agonisantes

Aura redessiné.

Ils murmurent ses vingt ans

Ses timides pensées

Souffles roseaux légers

Courbés et frémissants

Au vent déraisonnable

Dont j'étais le coupable.

Ils me rappellent encore

Son envol Son essor

Sa fuite aux avenirs

Que je n'eus force à retenir.

Alors,

Comme tout homme vaincu par la beauté,

Contemplant son souvenir aux ciels multipliés,

Dans un vaste silence je me suis réfugié,

Ai caché mon secret comme on porte le voile,

Pour faire de l'agonie la plus pure des étoiles.

L'infiniment mot

Quelques mots sur la page vierge

Des mots noirs aux ailes d'un corbeau

Sombres danses à la lueur d'un cierge

Lettres tatouées sous la peau

Signes cabalistiques

Etincelles électriques

Zébrant l'épaisseur des ombres

Jaillissant des ténèbres profondes

Offrant enfin à la lumière

Le silence d'une prière

Quelques mots répandus

Gouttes de pluie sur mon visage,

Larmes retenues puis rendues

Au ciel et à ses doux nuages.

Après que mon cœur ait subi cet orage,

Me reposer dans les mots sages

 Qui ne se cueillent qu'en silence.

Ces mots se parent de subtiles nuances,

Comme ces pâles couleurs

Que l'on prête à l'enfance

Et qui teintent les heures

D'une sereine patience.

Puis viennent d'autres mots !

Des mots d'amour, par exemple,

De ces mots dont le mystère est ample

Dans la jeunesse et ses folies,

Comme rivière sortie du lit.

Puis les années passant,

Ces mots se font clairs et précis,

Naissent et flânent à la beauté des femmes,

Mots aimants amants stridents,

Leur déclarer une vacillante flamme,

A défaut de leur offrir une âme.

Mais ces cris ne durent pas,

Ils ne durent qu'un temps,

Un été, un printemps,

Le temps d'une blessure

Ou celui d'un parjure,

D'une nouvelle beauté,

D'un autre aveuglement

Dont la lumière tonne

Et vient à foudroyer,

Attiser un brasier

Que l'on rêve dernier,

Mais qui finit silence,

Ou absence, ou errance,

Qui finit en mots rances

Que l'on rêve d'oublier.

Mais toujours d'autres mots,

Des mots gais et sereins

Dont on fait des refrains ;

Le chant d'un vent d'automne

Qui encore tiendra chaud,

Les mélodies d'une pluie

Qui fredonne aux carreaux,

Les murmures de la nuit

Où l'on dresse l'oreille,

Guettant le doux écho

D'une vague ritournelle,

De l'âme au lamento

Qui doucement sommeille.

Puis encore tous les mots,

Pour tant et tant de vies.

Des mots vieux,

Silencieux,

Condamnés à l'oubli,

Des mots perdus, des mots d'hier,

Qui ne chantent plus

Que dans les dictionnaires.

Ou encore des mots nouveaux,

Naissant, piaffant et s'ébrouant,

Paradant aux romans,

Des anglicismes pour la plupart,

Termes d'informatique bizarres,

Dont le poème ne fait usage

Qu'histoire d'être à la page.

Mais de page, moi,

Je n'ai que celles de mes cahiers,

Blanches et carrelées,

Sur laquelle j'alignai

Tout au long des années,

Des mots d'hiver, des mots d'été,

Des mots du temps qui passe

Mais qui jamais ne lasse.

Et je ne sais que trop

Qu'en mon heure venue,

En mon ultime veillée

Et dernière mise à nu,

Je lancerai ces mots

De loin mes préférés,

De l'infini d'aimer

Et de l'éternité,

Du poème à la vie,

De celui à l'aimée,

Tous deux entrelacés

Dans l'infiniment mot

Qui palpite dans moi,

Et fut source d'émoi

Comme océan de joie.

L'AMOUR EST UN EQUARISSEUR

L'amour est un équarisseur

Exécutions sommaires

Tueries de masse

Pogroms étatisés

Villes atomisées

Fonds de fours crématoires

Tranchées où tremble l'apeuré

Regards vides des crânes amoncelés

Causes obscures où des hommes s'égarent

Croisade Colonie Esclavage

Femmes frêles violentées violées prostituées

Geôle secrète où la vie se referme

Bottes cloutées contre foule en colère

Tribunal pré ou postrévolutionnaire

Epuration ethnique politique cyclique

O ma vie, contemple...

Qu'il soit grand mot

Et noble pensée

L'amour est un équarisseur.

Lambeaux

J'ai en tête des lambeaux de poèmes

A l'animal-frère encagé d'ignorance

Et à moitié vivant,

Des lambeaux de poèmes

A des enfants bohêmes

Sur des routes d'exil qui ne mènent nulle part,

Des lambeaux de poèmes

Au vieillard mourant et oublié,

Au fou assassiné,

Aux vies par trop bancales,

Des lambeaux de poèmes aux femmes soumises,

Tout autant insoumises, lambeaux de poésies

A leurs lambeaux de vie,

Mais rien pour leurs bourreaux,

Pour eux, pas un seul mot.

J'ai en tête, autant qu'aux bouts des doigts,

Des lambeaux de poèmes

Impuissants comme les croix,

Pour l'homme fusillé

Et son dernier tabac,

Fumée bleue de l'adieu et de l'ultime combat,

Tristesse du rougeoiement avant l'obscurité,

Noire rampante en la flaque de sang

Sous le corps inerte et devenu inutile,

Poème du cadavre et lent pourrissement.

Dans mon œil épuisé,

Dans ma pauvresse voix

Et mon cœur attristé,

J'ai la rime chagrinée

Du poète égaré

Ayant perdu la foi.

Les pierres

Œil du bourreau à sa victime

Les poings serrés de l'un

Les mains jointes de l'autre

Pierres contre prières

Des prières inutiles

Des pierres qui ne roulent pas

Mais qui de sang

Eclaboussent chaque fois.

Le tout

Douleur exigüe

Le garrotté est minuscule

Douleur illimitée

L'atomisé s'étend

Gonfle et enfle

Se répand dans l'univers

Entrechoque toutes les planètes

Puis s'éteint

Souffle absorbé

Douleur

Tu es le tout.

Les écrits

Gravés sur la porte

Ecrits de bois

Sur la porte de la cellule

Le nom de l'assassin

Pas celui de la victime

Ils sont deux les morts

Et l'un est enterré vivant.

Nos lendemains

Jamais je ne chanterai les regards apeurés,

Ecrasés, piétinés, des hommes par milliers

Qui tentèrent la révolte

Quand maigres furent les récoltes.

Jamais je ne chanterai l'amoncellement des corps

Entassés dans la joie des bourreaux carnivores,

Ni la longue file d'attente des cadavres à venir,

Prévue avec une foi qui ne saurait mentir.

Jamais je ne chanterai les enfants pâles et sales

Ni leurs ultimes râles,

Fantômes des horizons de guerre

Aux portes d'un désert.

Jamais je ne chanterai les fous

Qui pensent qu'aimer peut tout,

Et détournent les yeux

Quand aimer ne peut rien.

Jamais je ne chanterai les femmes

Qui meurent par milliers

Sous les coups de fiers mâles

Dont elles furent seule propriété.

Jamais je ne chanterai les vastes cimetières,

Oubliés des mémoires,

Mais coulent sous nos pieds

Comme immonde fleuve noir.

Jamais je ne chanterai

Ce long chemin de peine

Qu'il nous faut emprunter,

Comme au corps une veine,

Du cœur jusqu'au creux de la main,

Irrigue chaque ligne de tous nos lendemains.

Champ de solitude

Deux mains pour le fusil

Un œil pour la visée

La cible est à portée

L'ordre a été donné.

L'homme avait pourtant du cœur

Ne voulut pas tirer

Et ce fut par erreur

Que l'autre fut touché.

L'inconnu s'effondra

Sans un cri Sans un râle

Dans toute la certitude

Du champ de solitude.

Brève rêverie

Soudain

Par un infime miracle

La conscience s'émut

Et du corps de l'arbre

L'homme retira la lame.

Brève rêverie

Mais l'homme si petit,

Epargnerais-tu cette vie ?

Le cri

Ils furent des milliers à l'arbre du pendu

Pour couleur et douleur assombries et vendues.

Ils furent des milliers rongés de la vermine

Dans les cales affrétées d'une grandeur marine,

Voguant vers les pays d'une liberté

Qui n'était pas leur destinée.

Ils furent des milliers aux trains de l'agonie,

A l'horreur barbelé et conscience à l'oubli.

Ils furent des milliers à la faim démesure,

A une horreur sans nom mais à triste figure,

A la mort déferlante soudain hallucinée,

Démente sanguinaire comme folle emballée.

Ils furent des milliers désignés de la foi,

Du chiffre et de l'étoile, à défaut d'une croix,

Désignés de la foi mais surtout de la haine,

La haine tentaculaire qui alors faisait loi,

La haine démesure comme seul un homme se doit,

Et dont les mots jamais n'effaceront la peine.

Ils furent des milliers dans les brousses lointaines

A tomber sous les coups de leurs frères ennemis,

Enfants d'une même nation, fils du même pays,

Enfants d'une même histoire, fils d'une même chaine,

Lignée de même sang qui pourtant se répand

En une même terre et pour un même néant.

Ils furent des milliers comme lasses créatures

Que la vie expulsa de leur dernier refuge,

Sous prétexte de ces riens qui hantent la nature,

Et dont l'homme se plait à prendre pour pâture.

D'hier à aujourd'hui,

Leurs cris résonnent en un seul réuni ;

C'est le cri indicible d'une mémoire folle,

Couvrant les cris abjects que l'on fait aux idoles ;

C'est le cri de toute vie,

L'ordre de toute parole,

Pour sans fin répéter

Le triste chant des oubliés.

Les trois sœurs

Elles étaient trois,

Belles et droites,

Trois sœurs de dignité vêtues

Du blanc de leur vertu :

Conscience

Humanité

Justice.

Pourtant, aucune ne frémit,

Quand, à l'autre et à l'une,

Le sang d'une peau brune

Sans raison fut promis.

Contemplations

Des larmes se répandent au souvenir des écoles

Des questions éternelles s'emmêlent aux nuits d'alcool

Des mots rêvent d'un amour à nul autre pareil

Des gestes maladroits naufragent les sommeils

Des départs incessants avortent les regards

Et les bras de l'aimée ne sont plus un rempart

Les pages noircissent lentes sous l'homme solitaire

Ses espoirs ont fondu dans la glace de son verre

Les cimetières sombrent du poids des délaissés

Mort et vie autant sœurs que fausses amitiés

Petits squares picorés de vieillesse

Sous des arbres au ciel lancent leur vaine détresse

Enterrements confus suivis avec ennui

Les tombes se referment à la chanson d'une pluie

Silencieux je contemple

Et mes yeux sont absents.

Dernière compagne

Semblable à une sueur

Perle écho de douleur

File rouge goutte de sang

File rouge carmin brillant.

Des murs défigurés

Aux caniveaux maussades

S'écoule pourpre lent

S'écoule écarlate déchirement.

Curée impitoyable

Et cris assourdissants

Fumée de cigarette

Pour dernière compagne

Et tout autour de lui

Dans la vaste campagne

L'or des blés de rouge resplendit

Quand le soleil lui-même est devenu rubis.

Regards requins

Regards requins

Affamés

Avides de cercueils

Autant que de linceuls

Regards sans amour

Hors des ciels toujours

Regards d'ironie

A l'autre L'insoumis

Dont le regard au loin

Ne se lamente point

Pourtant la balle frappera

Perforera

Ricochera

Cette balle acérée

Comme les toits pointus

Grimpent vers les ciels

Comme l'arbre se tend

Epris de liberté

Immobile tout autant

Immobile et nu

Comme le cadavre au pied du mur

Sous les regards requins.

Brune

Une brune au bec

Face à six fusils

Et seule la fumée

Un temps les a unis.

Le silence des poètes

Mon regard en la courbe

Entrelaçait tous les visibles,

Etincelante loupe,

Me révélait même l'indicible.

L'oreille émerveillée

M'offrait toutes mélodies,

Y compris l'ignominie

De certains chants glacés.

Jadis si joyeuse

Ma voix est devenue muette,

Tout comme celles des poètes

Tristement silencieuses.

Petit Pierre

Il a regardé le soleil

Rire

Sur le dos du lézard

A perçu la fougère

Onduler sous la brise

A aperçu le ciel

Trop à l'horizon

Semblant si proche

Et fuyant tout autant.

A ses pieds

Il a regardé les pierres

Des pierres rondes

Des pierres fendues

Des pierres roulées

Par des mains de poussière

Tout au long des années

Puis il a regardé les hommes

Alignés et soudés.

Il a vu fuir le lézard

Puis embrassé la plaine

Et la forêt lointaine

Caressée par les vents.

Il a revu l'oiseau

Au ventre liberté

Ses ailes disaient un ange

Un ange d'impuissance

Qui d'impuissance regarda Pierre

Quand petit Pierre fut tombé

Ce matin-là

A la longue plainte des hommes

Où l'arbre-frère avait pleuré.

Le poème inutile

Quand les mots auront épousé

L'âpre combat de tous les suppliciés,

Quand ils auront enfoui tous les remords

Sanglants de tous les bourreaux,

Quand ils auront trahi tous les idéaux

Assassins fiévreux des libertés,

Et étouffé tous les cris humiliés

Par des mains tortionnaires.

Quand les mots auront digéré tous les crimes

De l'inhumaine indifférence,

Quand ils auront apaisé tous les pas de l'errance,

Arraché toutes les fleurs décorant les fusils,

Donné un toit à l'homme d'exil,

Offert du pain à l'homme de faim,

Et rayé toute colère

Dans les poings des vaincus.

Quand les mots auront redressé toutes les branches

De toutes les croix tordues,

Et refait au ciel un doux croissant de lune.

Quand ils auront recensé toutes les fosses communes

Pour ainsi renommer chaque cadavre anonyme.

Quand ils auront apaisé toutes les larmes noires

De l'immonde de ces charniers,

Et redonné aux os la pureté d'un ivoire.

Quand les mots auront effacé chaque impact

Auréolé de gloire,

Quand ils auront renié leurs héritages sanglants

Et chacun des parents meurtriers innocents.

Quand ils auront semé une paix

Partout où l'âme respire,

Et confié ce secret

A tous les avenirs.

Alors il se pourrait,

Qu'avec les mots restants,

Je compose un poème

Qui ne soit pas inutile.

Paix

Lumière

A l'astre immaculé

Lumière

A la ville écrasée

Lumière

A l'arbre silencieux

Lumière

Au corps poussiéreux

Lumière

A tous les cimetières

Lumière

Au fleuve capturé

Lumière

Au pas de l'exilé

Lumière

A l'homme liberté

Lumière

A l'animal happé

Lumière

A l'amour épuisé

Lumière

A tous les enfants morts

Lumière…

LES POEMES DE L'ENFANT MORT

Cimetière

Sous la terre

Les petits oiseaux

Grignotent

Les enfants morts.

Le vaisseau fantôme

Là où je suis l'on ne peut me rejoindre

C'est le mur de douleur qui s'érige de noir

La prison le tombeau où l'air est puanteur

C'est la fosse commune des amours dépecées

C'est la pâleur de l'âge quand meurent les regards

Et mon cœur épuisé et ma mémoire vieille

Mes larmes abandonnées désespérément vaines

C'est mon corps tout entier comme un vaisseau fantôme

Qui erre dans l'effroi sans espérer d'aumône

C'est là où elle n'est pas C'est là où elle n'est plus

Et son regard si loin qu'aux yeux morte est la vue.

Là où je suis l'on ne peut me rejoindre

C'est le mot d'épouvante à l'éternelle absence

Le mot cruel écueil puisé à son silence

Le mot tranchant la chair dans la veine éclatante

Et le sang contenu dans une main tremblante.

Là où je suis n'est plus un avenir

C'est mon rire sans son rire

Et mon corps sans son corps

C'est un silence absurde où résonne sa voix

Mais quand je tends l'oreille elle ne me répond pas

Alors je baisse la tête tout autant que les bras

Et pour finir m'endors et ne m'éveille pas.

Solitude

Personne ne contemple

Personne ne me voit

Le miroir est muet

Les portes restent closes

Les fenêtres entrouvertes

N'offrent qu'un temps morose

L'arbre escalade le ciel

La rue est désertée à mon pied fatigué

Les rares regards croisés

Pareils aux araignées

Se réfugient très vite

Aux infâmes recoins.

Personne ne contemple

Personne ne me voit

Solitude épuisante

Comme un chemin de croix

Ou route d'épouvante

Pavée de chiens crevés.

Matins d'espoir

Café noir et noires idées

Fumées âcres de première cigarette

Nausée pitoyable de l'œil vautour

Tremblements impuissants d'une main assoiffée

A la fenêtre le soleil rutilant de l'été

Les bruits inexorables du monde alentour

Résonnent annonciateurs d'un nouveau jour de fête…

Matins d'espoir

Vous m'écœurez.

La pauvresse insolente

J'ai perdu tant de mots

En mes vertes années

Dans le flot des mensonges

Travestis en aveux,

Egaré tant de rires

Dans les gestes timides

Des rigides amours

Qui se rêvaient sérieuses,

Et tout autant de larmes

Aux vains idéalismes

Parés des étendards

Qui me semblaient précieux.

J'ai perdu des regards

Au-delà des ailleurs

Qui ne s'existaient pas

Ou n'existaient si peu

Que tout devint douteux.

J'ai laissé tant de souffles

Sur tous ces quais de gare

Dans des relents d'alcool

D'urine et de tabac

Comme parfums désespoirs

A mes stériles départs.

Laissé tant de mes gestes

Tout au long des trottoirs

Harassés de grisaille

Et de mauvaises pluies

N'offrant aucune plage

Aux caniveaux sinistres.

Et lâché tant d'espoirs

Tout au long d'une vie

Qui ne savait attendre

Et filait dévidoir

La pensant éternelle

Et niant l'illusoire.

Que murmurer encore à toutes mes agonies ?

J'ai perdu tant de mots

Et autant de silences

Sous ses yeux amoureux

Fuyant cette terre d'abondance

Que promettaient leurs nuits

Pour entrer en errance

Sans fin Sans but Sans bruit

Jusqu'à ce que ma vie

Cette pauvresse insolente

M'offrit enfin l'oubli

Tout au cœur du silence.

L'appel

Multidirectionnel

Hybride de peau

Tiraillé d'univers

Morcelé de lumière

Eparpillé de sens

Ecartelé des temps

Ô mort

Cristallise !

Temps froids

Apparence que le verbe

Que le mot d'entre les mots

Que l'écho de ses sanglots

Apparence que cette perte

Qui n'a de cesse de répéter

Mon visage sans son visage

Reflet trouble Objet sans âge

Mutation de son corps interdit

Le silence des songes

Est muré dans le cri.

Apparence de l'écrit

Réalité des temps froids

Où aimer s'est enfoui

Dans la perte d'une voix.

L'absente

Temps arrêtés de ma vaine cigarette

J'ai le mal fumée de mes heures sans fête

Et le mâle courage de faire front à l'inerte.

Lutte ô combien harassante

Ironique corps-à-corps

De l'homme contre l'absente

L'inconcevable errante

De ces jours oubliés

Où de simples baisers

Riaient des mises à mort.

Cendres

Aux longues soirées de pluie

Quand vitres éparpillées

Se collent à mon front

J'ai la gorge araignée

Et venimeuses larmes.

A ma main cigarette

Une fumée somnole

Et de l'oubli envole

Les restes de pureté.

Epuisé

J'ai la beauté des cendres

Mais plus la légèreté.

Paris

C'était à Paris

Au 69 de la rue Crozatier.

L'arbre,

Ce n'était pas un peuplier,

Obscurcissait la fenêtre.

L'automne

Auréolé de mort

Semait de tristes feuilles,

Et je lâchai les larmes

De ma disparition.

Fenêtres

Ciels bleus écartelés

Horizons sans surprises

Soleil dans des cheveux de femmes

Vents d'atomes pollués

Murs enfermant les attentes

Foule de gris tapissée

Rares chansons fredonnent

Poète immobile et muet

Vers sombres de l'œil crevé

Silence au-devant des églises

Silences aux grilles du cimetière

Silence…

Le temps est une absence pure

Que rien ne peut troubler

Ni la ballade des morts

Ni le chant des vivants.

Seule la pluie

Mère de toute larme

A le pouvoir de m'égayer.

Ainsi

Devant mes fenêtres ouvertes

Il me semble que vivre

N'est rien d'autre qu'enfermé.

Le veilleur

L'inhumaine solitude du veilleur d'étoiles

A posé sur mon âme l'indéchirable voile.

Je contemple mes mains, tristes fossilisées,

Lancer aux horizons leur vol écartelé.

Je suis unique au soir, unique recroquevillé,

Solitaire et muet sous la voûte étoilée,

N'ayant au fonde l'âme qu'une seule vérité,

Il me faudra mourir si je ne puis aimer.

La gueuse

Elle me viendra de sûr

L'immensité obscure

Comme ville engloutie

Surgissant d'un oubli

De cet ailleurs béni

Qui précède la vie.

Ma voix se fera creuse

Mon œil la démesure

Et ma main

Telle la gueuse

Se fermera d'éternité.

Une ombre

Pénombre

Où je compose ses cheveux

Tragique disparue.

Loin sont les temps heureux,

Les nuits ne rêvent plus,

Les chemins sont venins

Et ne mènent à rien.

Pénombre

Où j'ébruite ses silences

Douloureuse absente.

Ses mots naguère mes amis

Chantent à d'autres poètes

Dont j'ai fait mes ennemis

Et souhaite la défaite.

Pénombre

Mon unique patrie.

Son ombre

Mon unique folie.

La main sombre

En mon âme blottie

Interdira l'oubli

Jusqu'au seuil de la tombe.

Le chant

La mort est alentour…

Mon corps devenu lourd

Est le poids du calvaire,

Mon œil jadis ouvert

Est aveuglé d'effroi,

La douleur se répand

Telle une vague de froid,

Me glace tous les sangs

Et me laisse sans voix.

J'entends le chant glacé

De tous les oubliés.

Le ciel s'est refermé

Tombeau de solitude

A jamais élevé,

De mon cœur il s'empare

Me laissant désœuvré.

Nulle trace d'une paix,

Je me traine à genoux

Dans les rires du fou,

Mes mains grignotent en vain,

L'horreur barre mon front,

Et le vautour immonde,

Après sa triste ronde,

Vient annoncer ma fin.

Le prisonnier

Souffle vipère

Nuits blanches et lunes prêtes à l'enfantement,

Tout au long des voies de chemin de fer

J'aurai semé les étincelles de mon émerveillement.

Sans elle, aucune liberté,

Aucun voyage, aucune satiété.

Juste une prison à ciel ouvert,

Une seule saison, un seul hiver,

Et le souvenir d'un bel été.

L'attente

J'avais attendu les chemins de liberté que donne le partage,

Les pierres au ciel lancées pour ne plus retomber,

Les cris de délivrance d'une fièvre sauvage,

Les horizons sans fin de nos regards soudés.

J'avais envisagé des kyrielles de possibles,

La panoplie bizarre du poète amoureux,

Son discours enflammé au verbe indestructible,

Sans oublier pourtant le silence du jeu.

J'avais rêvé le voyage sans fin jusqu'à ne plus dormir,

Le lit à baldaquin pour y cacher nos ombres,

Des robes de satin pour les lui dévêtir,

Et de vastes matins déchirant la pénombre.

J'avais attendu les mains de liberté que donne l'innocence,

Impatient et fidèle j'avais troqué l'errance,

A son vol d'hirondelle j'avais bu les silences…

Pour n'hériter en fait que des cris de l'absence.

Matin de solitude

Osais-je le nom

Mourant

Soleil de sang sur un trait d'horizon

Sacrilège du nom

Ses lettres furent éparpillées.

Osais-je l'âme

Aimante

Amante

Fumée apaisante à mes larmes regards

Sacrilège de l'âme

Sa verticale lumière en fut brisée.

Osais-je le corps

Tension

Frisson

Corps sueur entre mains prisons

Sacrilège du corps

Le ventre ouvert fut disloqué.

Osais-je aimer

A peine

D'un rien

Un simple lendemain

Qu'aussitôt je m'éveillais

Matin de solitude.

Le deuil

Je me dois un poème

Réduit

Epuré

Un mot unique

Une goutte de sang

Une larme furieuse

Un cri même je me dois

En déroute fulminante et consommée d'horreur

La chute d'un vieillard culbuté du trottoir

S'écrasant au sordide inutile et verdâtre.

De violence je me dois

Une grossesse éventrée répandue impuissante

Le coup bref et précis de la haine bêlante

Un aboiement d'enfant torpillé par la peur

Une mouche écrasée ameutant mille sœurs

Des larves par myriades pour le plus grand cadavre

Et tous les hurlements en orage soudain

A couvrir de sueur le front de tous nos saints.

Je me dois un poème

Unique et souverain

En dieu tentaculaire

Qui gaverait ma faim

Mon trouble Mon chagrin

Et dirait à lui seul

L'envergure du deuil

Qui d'elle se fit mien.

Nuits immobiles

Mes nuits sont vieilles croix

Mutilées par les pluies,

Ignorées du passant,

Au ciel font un espoir

Mais restent immobiles

Tout autant qu'inutiles.

Elles se creusent d'attente,

Souffrent de la bête traquée

L'agonie humiliante,

Suivent la course lente

Des aiguilles détraquées

D'un temps jadis heureux,

Aujourd'hui refermé.

Muettes elles sont beauté,

Assèchent toute larme

Et figent l'oreiller

Dans la pâleur d'un rêve

A ma belle entêtée

Qui sans trêve me hante

Au sommeil qu'elle enfante.

Vivre ?

L'étrange verbe vivre

Désemparé et vide

L'attente

Au creux de l'arbre mort

L'attente silencieuse

A lenteur d'épouvante

Au sein d'un cœur fané.

L'étrange verbe finir

Pas de porte désert

L'absence répétée

Silence des églises aux cierges consumés

Silence des prières mains jointes suffoquées

Silence des amours qui ne savent s'oublier

Et mes lèvres se ferment à défaut d'un baiser.

Le poème de l'enfant mort

En écrirai-je encore de ces bouts de poèmes

Et de ces longs chagrins

Comme des paillassons

Souillés de belles larmes et morves d'avorton ?

En écrirai-je encore de ces mots torturés

Et de mon poing fermé

A mon front supplicié

Dont j'ai honte en secret ?

Oserai-je longtemps tous ces balbutiements

Et de ces hurlements

Et ces larmes encore

Comme ces épaves lasses

Reposant par le fond

Et qu'on ne voit pleurer ?

En écrirai-je toujours à une belle dame

De ces poèmes du fou

A l'amour étourdi

De ces bruits de ces cris

Qui lui raviront l'âme ?

En écrirai-je encore de ces mots sots et blêmes

En lambeaux de poèmes

Aux rares accents de joie

Mais prenant toujours source

Dans le plus pur émoi ?

En écrirai-je longtemps de ces mots sans espoir

Mais qui pourtant scintillent dans ma folle mémoire,

Donnant à être, et croire plus encore,

Quand mourir est si doux à l'enfant déjà mort…

L'OR ET LA MERDE

Sous les pavés

Toutes les plages

Et sous les plages

Tant de cimetières…

L'or et la merde

A jamais confondus.

Brune

Une vie

En cigarette brune

Que je fume

En un lit

Comblé d'une autre brune

Sous le ciel bleuté

De ses cheveux épais

Et de ses seins nuages

Annonçant bel orage

Dont les coulées de pluie

Zèbrent toutes les nuits

Et tous les matins d'or

Qui suivent mes mises à mort.

Cafés

Cafés bordéliques

Où les anges se posent

Regards épouvantés

D'innocence épurés

A remonter le temps

Où toujours l'enfant

Agonise en silence.

Cafés émerveillés

Chantant

Et l'éternel Et le divin

Et la vive douleur

Tiède et nauséabonde

Qu'il faut abandonner

Solitaire des tables

Et des toutes saletés.

La vioque

D'un pas plus qu'incertain

Elle hante les trottoirs.

« Les chaussures étaient cirées

Et claquaient les planchers ! »

Une bouteille à la main,

Etripant sa mémoire.

« Grande époque, petit !

C'était sur Count Basie

Que je dansais…

Oui… Count Basie !

Count Basie, petit ! ».

Mescal

Rêves incertains

Rêves prémonitoires destinés au chagrin

Rêves à vomir aussi hélas tant pis

Rêves mexicains

Un mescal pour José !

Rêves aux lendemains

Quand je vous aurai bus

Longue sera mon ombre.

Au comptoir

Accoudé au comptoir

L'homme seul se murmurait

Scotch… téquila… gin…

Bourbon ?...

Se murmurait

L'homme seul accoudé

Devant les bouteilles d'or

L'homme seul…

Finissant par lancer ;

Et merde !

L'aveugle

Murs trop de gris

Protègent ses enfants

Bitume règne des ténèbres

Pavé de ses souillures en étoiles de terre

Tip-tap répète une canne

L'aveugle chahute le silence

Dans la nuit sereine et immobile.

Quelqu'un quelque part doit aimer

Quelqu'un quelque part doit pleurer

Quelqu'un quelque part doit s'éteindre

Et l'aube s'en reviendra.

Le réverbère

Toute une nuit à boire

Sous l'œil torve d'un réverbère

Une nuit longue et froide

Seul et en silence

Une nuit à noyer

La putain que j'aimais

Son âme boursoufflée

Belle âme tourmentée

Qu'une aurore cendrée

Allait me ramener

Tôt ou tard

Pour me refaire dégringoler.

Rêve idiot

Cave enfumée où s'égosille l'ivrogne

Poubelles éparpillées

Murs imbibés de pisse

Carrefours désarticulés

Asphalte Brouillard Venin

J'ai l'âge de mes lendemains

Et sous un ciel corbeau

Je fais le rêve idiot

D'être enfin un oiseau.

Poisson crevé

Tombée du banc

Vin renversé

Flaque de sang

Corps boursouflé

Œil poisson crevé

Main de sorcière

Vieille

Elle ne s'envolera plus.

Une longue réflexion

Avant de lui avouer mon amour

J'avais remué vingt-cinq fois

Ma vieille langue d'alcoolo

Vingt-cinq fois

Et secoué ma torpeur…

Puis j'avais tout dégueulé.

Ensablé

Fatigué

Usé

Flétri

Ahuri

Hiver comme été

Route trop longue

Monde si petit

Où toute pensée s'étire

Comme une trainée d'ennui.

Et l'or de ses tendres sommeils

Se trouva ensablé.

La défaite

Il gisait sur le dos

Mais ne semblait pas dormir

Les yeux aux étoiles

Comme à jamais perdus

La nuit fredonnait triste

Le noir était silence

Sur le dos comme on rêve

Mais son sang était sombre…

Un enfant pour la merde

Et l'or était vaincu.

Rien

D'une plaque d'égout au nom d'une rue,

De ma douleur vive à une chair crue,

D'un rire de junkie, d'un haussement d'épaules,

Désabusé, cynique et drôle,

De ma solitude inaltérable,

D'un regard, d'un hasard,

De napalm, de drogues vertes,

De rien et de tout le reste,

Je peux chier un poème

Et m'en laver les mains.

Le tordu

Clip-clop

Le tordu se meut

Clip-clop

Balancier d'horloge

Clip-clop

Le froid ne l'atteint pas

Clip-clop

Et le brouillard l'emporte

Clip-clop

Clip-clop

Clip.

Le sale

Ecrasé de misère

A tabasser sa femme

Ses gosses et son chien

Dégueulant la vinasse et les rêves enfantins

Ecrasé de sordide

A se frotter les yeux

La panse et le cul

Aux matins grelottants qui s'arrachent du sombre.

Ecrasé de bêtise

Sous l'œil d'un patron

D'un flic et du destin

Haletant de rancœur la peur en vomissure.

Il est l'humanité

Pataugeant dans la merde

Pour n'obtenir jamais

A défaut d'une once d'or

Une fortune de chagrin.

Une solitude

Rougeoiement de sa cigarette

Brûlante solitude déchirant les ténèbres

« Vois ! Je sais l'enfer ! »

Hurle-t-elle au vent glacé de ses doigts.

Rougeoiement de sa cigarette

Aux moins ses poumons furent deux.

Fils de pute

Je suis né au terrain vague

D'une femme putain

Et d'un homme moitié

Au vague d'un terrain

Fils de pute

Sac à vin

Enfant de Dieu

Et autant du Malin

Né du vague au rien

Et vogue l'âme

J'ai l'pied marin.

A pic

Le verre immobile

Sur la table

Face à lui

Ne renvoie pas d'image

Son front est une vieille

En mémoire de celles

Que ses mains ont quittées

Son front est un emblème

Le reste ayant sombré.

Couleurs

Le sang du poète

Est fait de tous les rouges.

Des couchers flamboyants

Aux étales d'abattoirs,

Il n'est de fait

Que la somme des noirs.

Naufrage

Une rue plonge

Aux trottoirs encombrés

Et sous les néons pleins de lune

Les putes aux portiques obscènes

Sont lourdes d'une âme exiguë.

Une rue plonge

Aux regards lascifs

Longues trainées d'ennui

Que les mâles craintifs

S'offrent pour invitation.

Une rue plonge

La rousse

Et ses bas sont filés

N'offrira qu'une absence repue

Souillée et ridicule.

Une rue plonge

Seulement

En étrange naufrage.

Une fuite

C'est une vie que l'on traine

En larmes des mauvais jours

En chaleur de trottoir

En port abandonné

Telle une ombre vivante

Et profond désespoir

A un trop peu d'amour.

C'est une vie que l'on laisse

A l'arbre des oublis

Aux mémoires aigries

Aux haines insurmontables

Aux paroles immondices

Aux âmes charitables

Il y en eut aussi.

C'est une vie que l'on donne

Aux larmes de personne

Comme geste gratuit

Puisqu'elle n'eut pas de prix.

Ces mots sont un pourboire

Piécettes d'or au comptoir

Et titube une fuite !

Gargouille

Quand vivre est forme obscure

Aux contours humides de pissotières

Et flaques de vomissures,

J'écris le mot vulgaire

En quête de pénitence.

Vie de merde !

Lieux d'aisances !

Quand l'or de ses cheveux

Me devint une errance,

Moi, gargouille sans dieu,

Je contemplai les cieux,

Grimaçant de ce vide

Qui les rendait odieux.

Mon cimetière étrange

Je veux que l'on m'enterre

Sous un long boulevard,

Une lente et belle artère

Aux vagues d'un brouillard.

Je le veux tout en noir

Mon cimetière étrange !

En noir,

Et le jaune des phares

Comme des feux follets

A n'effrayer personne.

Bien que n'était point roi

Ainsi le mausolée sera,

En ville tout entière

Sous les lumières figées

Des quelques réverbères

Comme croix érigées.

Il sera titanesque

Avec pour pierre tombale

Le vieux pavé mouillé,

Râpé du défilé

Des mémoires amies,

Et l'unique épitaphe,

Tel un rire d'enfant,

Ira se chamailler

Aux néons scintillants

Des devantures folles.

Je sais que j'aurai peur,

Je sais que j'aurai froid,

Que longues seront les heures

A ma montre de bois.

Mais il fallait finir,

Et c'est le cœur en paix

Qu'alors je reposerai

En sommeil éternel

Sous les cris de la vie.

Le poète

Affiches publicitaire au nez féroce

Maisons carrément laides où pourrissent les mères

Héroïne toujours chevauchant son amant

Ciel gris charogne pour final inévitable

Aux coins des rues tordues soupirent les vaincus

Pain sec encore pour pigeons affamés

Vols d'étourneaux à mon œil le libre

L'autre cherchant immanquablement

La sainte la blanche la lumineuse

La fille pure poésie.

Et pour finir, car il faut une fin qui ne soit pas un épilogue, encore moins une épitaphe, mais qui, tout au contraire, prolonge le mot et projette vers tous les avenirs, donnant ainsi à croire au possible de tous les bleus lendemains.

Le poème secret

Le mot ne suffit pas à écrire un poème ;

Le chant parfois s'étrangle,

La voix est une gaffeuse,

Le regard est-il pur

Que déjà il dérape,

Le rire est par trop fou,

Les larmes trop austères,

Et la raison savante

Est bien trop ennuyeuse.

Il faut tous les secrets où dérive la vie ;

L'arbre grand solitaire,

Les rives déchirées du fleuve voyageur,

Les longs fils de pluie gouttières des ruelles

Où se presse le pas de l'ouvrier tragique.

Des pointes acérées aux portes entrebâillées,

Il faut toute une ville à son pavé mouillé

Comme à un lac très vieux où se fige l'image,

Et dans l'image même, comme un premier amour,

Il faut fixer le temps qu'un poète se devra.

Il faut bien plus d'un bleu

Et bien plus d'un regard,

Presque toute une foi

Et mille autres trouvailles ;

Un horizon de deuil à l'astre fatigué,

La soif d'un désert à l'aile d'un vautour,

Un soleil verdoyant pour un pré sablonneux,

Et bien des plages lentes

Aux mers boursouflées

Des ivresses à marins.

Il faut toute une mort,

Des chaines la douleur,

La geôle et le garrot,

Le bruit du couperet ;

Il faut par trop souffrir

Et mourir plus encore,

Comme au long d'un chemin

Aux batailles sanglantes.

Il faut un corps d'enfant

Comme le serait un chien ;

Eventré d'innocence,

Abandonné des siens.

Il faut beaucoup de haine,

Et d'amour plus encore,

Mais cela pour bien peu

Puisque jamais le mot

Ne dira un sanglot.

Le mot ne suffit pas à écrire un poème ;

Il lui faut tant et tant

Que ma raison défaille.

Mais tout peut s'en aller

Pour laisser place au rien,

Avec ce rien en tête

Et son nom dans mon encre,

Le poème secret

Toujours je l'écrirai.

TABLE

L'infiniment mot : page 4 à 68

L'amour est un équarisseur : page 70 à 110

Poèmes de l'enfant mort : page 112 à 158

L'or et la merde : page 160 à 200

Conclusion : page 201

Du même auteur :

Poésie : BOD Editions

Poérésie et élégies du silence

L'amant effronté / Les robes

Roman : Editions Baudelaire

Lire en mangeant ça fait rêver quand on est mort

© 2019, Boualam, Tayeb Alain
Edition : Books on Demand,
12/14 rond-Point des Champs-Elysées, 75008 Paris
Impression : BoD - Books on Demand, Norderstedt, Allemagne
ISBN : 9782322014538
Dépôt légal : mai 2019

FSC
www.fsc.org
MIXTE
Papier issu
de sources
responsables
Paper from
responsible sources
FSC® C105338